HENRI DE NOUSSANNE

BERTRANDE

COMÉDIE EN UN ACTE

PARIS

LIBRAIRIE THÉATRALE

14, RUE DE GRAMMONT, 14

—

1895

lits de traduction, de reproduction et de représentation réservés.

LIBRAIRIE THÉATRALE

14, RUE DE GRAMMONT, 14

COMÉDIES POUR HOMMES

	Personnages	Prix	
Un Beau-Père pas commode.	2	1	»
Le Célèbre Baluchard. . . .	2	1	»
Un Chef de service.	5	1	»
Chez l'avoué.	3	1	»
Le Coup de foudre	2	1	»
Los Contrabandistas, (bouff. musicale.)	2	1	»
La Dame de Louvain. . . .	3	1	»
Le Dragon	4	1	»
Un gendre au Cassoulet. . .	2	1	»
Gustave	2	1	»
Le Fluide de John	3	1	»
Le Jour des Rois.	3	1	»
Un Mariage au téléphone . .	2	1	»
Un Mari pour 30 centimes. .	2	1	»
Le Mystère du Pont-Neuf. .	2	1	»
Presque frères	2	1	»
Tous décorés	3	1	»
Tribulations d'un poulet. .	3	1	»
Vingt minutes d'arrêt. . . .	2	1	»
La Vocation de Molière. . .	3	1	»

COMÉDIES POUR JEUNES GENS

Les Avocats	1	1	»
Le Billet de loterie.	6	1	»
Le Crime de Moutiers. . . .	5	1	»
Une Nuit orageuse.	4	1	»
Le Sac de Scapin.	4	1	»
Le Réveil du Calife.	4	1	»

Imprimerie générale de Châtillon-sur-Seine. — PICHAT ET PEPIN.

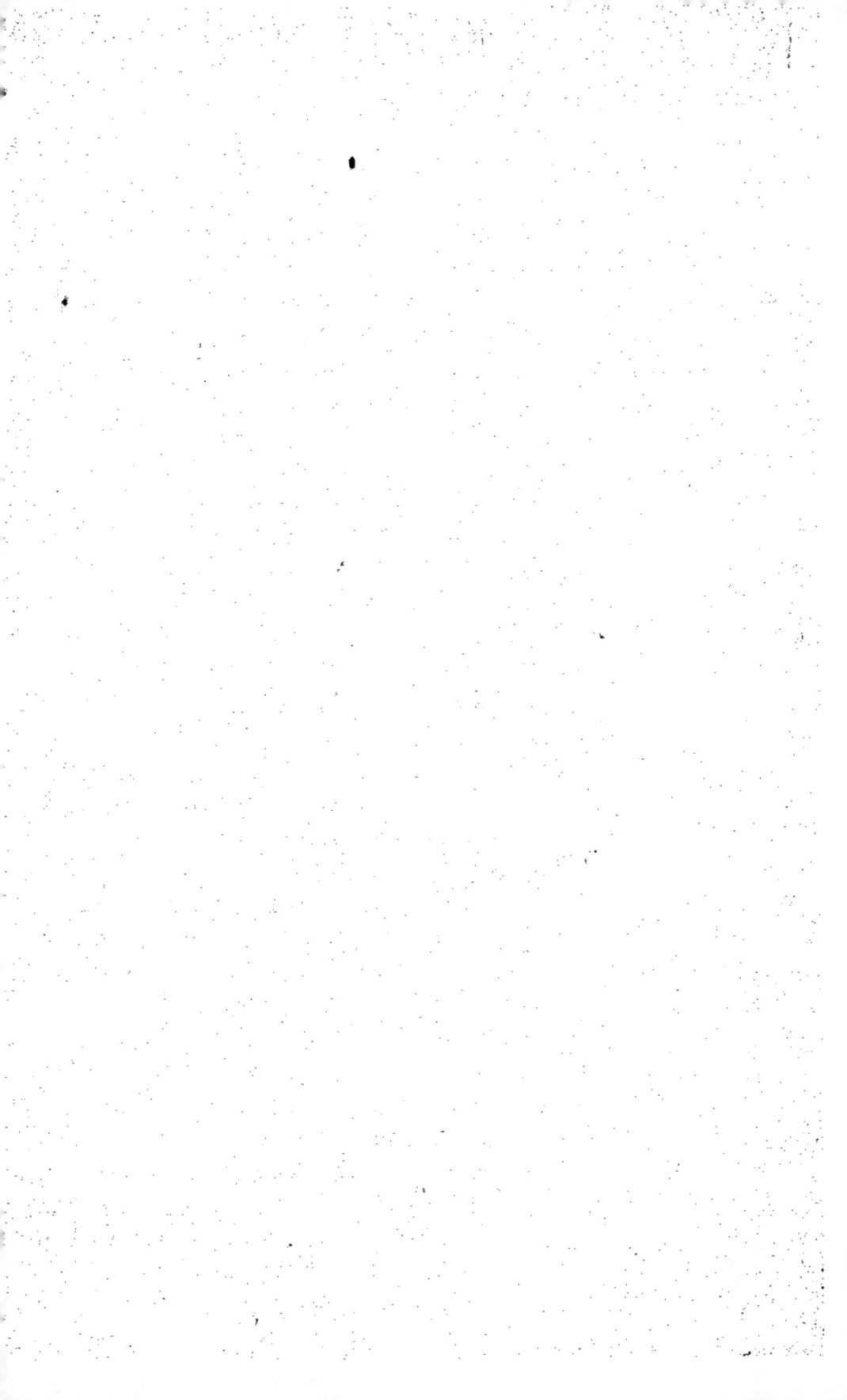

BERTRANDE

COMÉDIE EN UN ACTE

Représentée pour la première fois à Paris, au Théâtre national de l'Odéon,
le 15 octobre 1894

HENRI DE NOUSSANNE

BERTRANDE

COMÉDIE EN UN ACTE

PARIS
LIBRAIRIE THÉATRALE
14, RUE DE GRAMMONT, 14
—
1895

PERSONNAGES

L'ABBÉ BRIDOIS. . . . . MM. CORNAGLIA.

GASTON. . . . . GERVAL.

BERTRANDE . . . . Mᴸˡᵉˢ WISSOCQ.

MAURICETTE. . . . . VARLY.

———————

Pour la mise en scène détaillée, s'adresser à M. Fou-CAULT, régisseur général à l'Odéon.

BERTRANDE

Un petit salon du curé de campagne aisé. Fenêtre à droite. Porte à gauche et porte au fond. Table de milieu et sièges. Grand fauteuil Voltaire à droite de la table de milieu, face au public. Divers livres de piété et un bol de chocolat avec une serviette sur la table. Un piano à droite, en biais.

SCÈNE PREMIÈRE

L'ABBÉ, puis BERTRANDE.

L'abbé, au piano, joue quelques mesures de prélude et chante en s'accompagnant.

« Avec vous, ô bonne Mère,
» A Dieu je m'offre aujourd'hui,
» Dans son divin sanctuaire
» Daignez être mon appui. »

Pour un beau cantique, c'est un beau cantique...

Mais sur ce diable de piano... Le piano n'a qu'une qualité, il fait aimer l'orgue.

Piano et chant.

« Avec vous, ô bonne Mère,
» A Dieu je... etc...

J'aurais dû me faire compositeur, j'avais l'étincelle !

Chant.

» Avec vous, ô bonne Mère... etc...

Il n'y a pas à dire, c'est tout à fait beau. Et les paroles !.... Charmantes, les paroles...

Il déclame.

» Avec vous, ô bonne Mère,
» A Dieu, je m'offre aujourd'hui,
» Dans son divin sanctuaire
» Daignez être mon appui. »

Je l'ai dit à la mère supérieure : « Elles sont tout à fait bien vos paroles ma mère. » Elle a du talent, beaucoup de talent... Du reste, elles font des macarons dans ce couvent !...
(Piano.) Ce serait peut être mieux en ré...

Chant.

« Avec vous, ô bonne Mère...

Non, c'est trop haut.

Il plaque des accords en parlant.

J'aurais voulu vivre dans le désert, moi, au pain et à l'eau, même sans pain, comme Ezéchiel qui n'a-

vait que de la bouse de vache. J'aurais fait de la
grande musique : l'abstinence ouvre les idées.

> Entre Bertrande au fond, portant divers journaux et
> des lettres.

BERTRANDE.

Votre chocolat sera froid, monsieur le curé.

L'ABBÉ.

Viens là, petite, j'ai modifié la mesure. Il faut
que vous chantiez ce cantique sans broncher devant
Monseigneur. Nous n'avons plus que trois jours.
Répétons-le, voyons.

> Ils chantent. L'abbé bat la mesure de la main gauche
> en accompagnant le chant de la main droite.

L'ABBÉ, quand le cantique est fini.

C'est beau, tout à fait beau, n'est-ce pas, Bertrande?

BERTRANDE.

Oui, mon oncle, très beau.

L'ABBÉ, se levant.

Bonne petite, va !... Elle est bonne, cette petite.
Tu me feras répéter ce cantique aux enfants de
Marie à quatre heures... Tu as le courrier?

BERTRANDE.

Prenez d'abord votre chocolat.

L'ABBÉ, jetant un coup d'œil sur le courrier.

Deux lettres.... Bien, tout à l'heure. Déjeunons
d'abord, le chocolat ouvre les idées. (Il s'installe dans
le fauteuil. Bertrande lui passe la serviette autour du cou.
Il prend le bol de chocolat et commence à déjeuner.) Tu
es prête?...

> Bertrande choisit dans les journaux *La Libre Parole*
> et l'ouvre.

BERTRANDE, s'asseyant près de la table.

Oui, monsieur le curé.

L'ABBÉ.

Eh bien, va. Restaurons à la fois le corps et l'esprit pour nous bien porter. (sententieusement.) « Orandum est ut sit mens sana in corpore sano. »

BERTRANDE.

Amen.

L'ABBÉ, riant.

Amen?... C'est du Juvénal, mon enfant... Elle est adorable cette petite. Allons, va.

BERTRANDE, lisant d'une façon très uniforme, et un peu lente, en chantonnant.

La morale publique.

« C'est une infamie de voir jusqu'où peut aller la
» saleté des caricatures des journaux de trottoir,
» qui encombrent les rues de Paris... »

L'ABBÉ, inquiet, cessant de manger.

Bon, bon... bon... Je vois ce qu'il veut dire...
Passe, passe.

BERTRANDE, continuant plus loin.

« Les sénateurs à perruque qui, de temps en temps, protestent sénilement au nom de la vertu outragée, sont vraiment des eunuques, car... »

L'ABBÉ, même jeu.

Passe, passe... Diable !

BERTRANDE, reprenant plus loin.

» Les petits collégiens qui s'extasient aux vitri-
» nes des libraires et devant les kiosques où les
» pornographes de la juiverie littéraire étalent des
» femmes nues...

L'ABBÉ, posant le bol.

Passe-moi le journal, te dis-je! Nous verrons cela plus tard. (Il prend le journal, défait sa serviette, s'essuie les lèvres et lit complaisamment tout bas l'article interrompu.) Que dit le Bulletin financier?

BERTRANDE, prenant un autre journal.

3 0|0, 103,20.

L'ABBÉ, distraitement.

103,20, bon

Il continue de lire.

BERTRANDE.

Orléans : 1885.

L'ABBÉ.

85, parfait :

BERTRANDE.

Honduras : 4,85.

L'ABBÉ finit l'article et pose le journal. Mélancolique.

Le Honduras à 4,85!... Hélas!...Enfin... Seigneur, vous l'avez voulu...

BERTRANDE.

Que votre volonté soit faite.

L'ABBÉ.

Ainsi soit-il! Voyons ces lettres.

BERTRANDE, les regardant.

Il y en a une de Paris.

L'ABBÉ, ouvrant la première.

Celle-ci vient de l'Evêché. (Il lit.) « Très cher et » vénéré Monsieur le curé : Monseigneur arrivera samedi à 9 heures... » (Il continue à mi-voix.) « enfants... cérémonie... » (Haut.) Tout est prêt, Bertrande?

BERTRANDE.

Oui, mon oncle.

L'ABBÉ.

Brigitte est-elle sûre d'avoir la mère Leclanchet pour l'aider? Il faut que je lui dise... Tiens, va me chercher Brigitte...

BERTRANDE.

Elle ne viendra pas, elle fait ses pâtés.

L'ABBÉ.

J'irai donc à la cuisine. Il faut tuer les pintades ce soir. Elles seront à point. Il ne fait pas trop chaud. As-tu pensé à faire de ces petites tartelettes que Monseigneur a trouvées si bonnes l'année dernière, tu sais, à l'anis?

BERTRANDE.

J'y ai pensé.

L'ABBÉ.

Allons, tout ira bien, sauf moi. Ah! ce sermon... Enfin!.. Voyons l'autre lettre. (Il l'ouvre et lit.) « Mon cher Tonton...» (surpris.) Tonton?... (Il saute à la signature.) Mauricette.

BERTRANDE.

Ma cousine Mauricette!

L'ABBÉ.

Elle-même.

BERTRANDE.

Qui vient de se marier.

L'ABBÉ.

Justement... (Il lit.) Allons bon, ils viennent nous voir!..

BERTRANDE.

Pas possible. (Lisant par dessus l'épaule de l'abbé.)
« Vous verrez comme j'ai un gentil petit mari. »
En lisant elle laisse tomber de sa poche un chapelet.

L'ABBÉ.

C'est bien, c'est bien... Ramasse ton chapelet,
tu feras mieux... Cette petite, elle est sans gêne...
Une fille d'une cousine à moi... Ils m'appellent tous,
« mon oncle » là-bas. C'est une façon de parler...
Cette gamine, je l'ai vue en tout deux fois à Paris..
Ils m'ont bien reçu, c'est vrai... Mais enfin tomber
ici au moment où... Voyons, quand arrivent-ils?

BERTRANDE, lisant avec lui.

« Nous nous arrêtons en route, et nous serons
» près de vous dans trois jours. »

L'ABBÉ.

Dans trois jours! en même temps que Monseigneur... Sainte Vierge! où les mettre... Sans comp-
ter qu'ils n'ont pas de religion, ces Parisiens!..

BERTRANDE, lisant avec lui.

« Gaston s'unit à moi pour vous embrasser ainsi
» que ma bonne petite cousine Bertrande que j'aime
» tout plein sans la connaître. » Elle est gentille,
mon oncle.

L'ABBÉ, mettant la lettre en poche.

Sans doute, sans doute.

BERTRANDE.

Ils nous embrassent.

L'ABBÉ.

Oh! pour ça, les Parisiens!

BERTRANDE.

Les Parisiens?...

L'ABBÉ.

Rien. Rapporte le bol à la cuisine.

BERTRANDE.

Oui, mon oncle.

Un temps.

L'ABBÉ.

Petite, comment allons-nous faire? Toutes les chambres sont prises par Monseigneur et les autres, où les caserons-nous?

BERTRANDE.

On pourrait mettre M. Gaston sur le lit pliant et ma cousine Mauricette avec moi.

L'ABBÉ, haussant les épaules.

Impossible...

BERTRANDE.

Pourquoi?...

L'ABBÉ, se levant.

Rien... rien... Bonne petite, va... Tu es bonne, mon enfant. J'espère que tu seras un exemple salutaire pour ces jeunes gens. Ils sont mondains; toi, tu ne sais rien du monde. Je t'ai élevée... Ta pauvre mère t'a laissée à moi. Tu es la consolation de ma vieillesse. (Un temps. Il la regarde.) J'ai cru remarquer, hier, chez madame Rambaud que tu riais en écoutant Denis Ravel. C'est un brave garçon... Mais tu ne dois pas rire des propos des jeunes gens. Il faut de la retenue dans le monde. Enfin, la mère supérieure m'a dit que l'autre jour vous aviez joué aux petits jeux. Je n'y vois pas de

mal. Seulement, tu ne dois pas perdre de vue que
ces plaisirs nuisent à notre salut. Ils font perdre
la modestie, mon enfant. (Il prend une prise.) La
modestie, vois-tu, c'est le voile... le voile qui enveloppe... qui enveloppe la vertu. (Autre ton.) Ce que
je t'en dis c'est pour te mettre en garde. Le diable
rôde autour de nous. La chute est facile. Que sommes-
nous? de la boue! Quand nous tombons, nous tombons en poussière. Tu devras donc ne pas te lais-
ser éblouir par les propos, peut-être frivoles, de ta
cousine et de ton nouveau cousin. Ils viennent de
Paris, mon enfant, ils viennent de la grande Ba-
bylone... Ils viennent... (Autre ton.) Et oui, ils viennent... mais où les mettre?... Allons, je leur donne-
rai ma chambre... mon lit... (Les yeux au ciel.) Mon
lit!... Tu me feras monter ici le lit pliant. On doit
y être bien mal... Enfin !..

BERTRANDE.

Si j'allais demander conseil à Brigitte.

L'ABBÉ.

Oui, va... Tu m'apporteras un petit peu de marc.
(Il s'assied dans son fauteuil.) J'ai bien des soucis, petite... Ces enfants qui viennent, ce sermon qui ne
vient pas... Prends du vieux marc. Le marc ouvre
les idées.

Bertrande sort au fond.

SCÈNE II

L'ABBÉ, seul.

Je prêcherai sur les plaisirs du monde. Ce sermon

sera salutaire à ces jeunes gens... Pourvu qu'ils
n'aillent pas scandaliser Monseigneur... Des nou-
veaux mariés... J'en ai la chair de poule.. Et cette
petite, ma joie, mon ange gardien... S'ils allaient
lui donner des idées... Non, elle m'aime trop, jamais elle ne me quittera. Elle ne ressemble guère à
Mauricette... La mâtine... je suis content de la re-
voir tout de même... Elle promettait d'être jolie...
Ah! ces Parisiennes!... J'en ai vu... *Retro, Satanas!*
(Il se signe et prend son bréviaire.) Je prêcherai sur ce
texte. *Averte faciem tuam a peccatis meis et omnes ini-*
quitates meas dele. — Voilà bien le cri du pécheur...
(Il se lève, songe un peu et passe derrière son fauteuil
sur le dossier duquel il s'appuie comme s'il était en
chaire.) Mes frères, si... (Autre ton.) Non... je ne
suis pas en train... (Se tournant vers la porte.) Eh
bien! ce marc... Cette visite m'a tout à fait troublé.

Bertrande entre au fond, très vite.

SCÈNE III

BERTRANDE, L'ABBÉ.

BERTRANDE, effarée.

Mon oncle, les voici!...

L'ABBÉ.

Qui?

BERTRANDE.

Eux!

Derrière elle, courant, paraissent Mauricette et Gaston en costume de voyage.

L'ABBÉ.

Ta cousine...

SCÈNE IV

LES MÊMES, GASTON, MAURICETTE.

GASTON.

Et le cousin... en personne.

MAURICETTE.

Bonjour, mon oncle.

Elle saute au cou de l'abbé.

GASTON, l'embrassant aussi.

Voulez-vous me permettre, mon oncle... Il n'y a pas de meilleur moyen de faire connaissance.

L'ABBÉ.

Comment... comment!... Vous?.. Mais votre lettre...

MAURICETTE.

Nous avons changé d'avis, nous sommes venus tout droit pour vous surprendre.

GASTON.

C'est elle qui l'a voulu... (A Bertrande.) Je ne vous ai pas embrassée ma cousine, vous avez fui devant nous...

Il l'embrasse.

MAURICETTE.

Oh! qu'elle est gentille, Bertrande! Quel beau pays, mon oncle. Tout le monde nous a chargés de mille choses pour vous deux. On ne vous oublie pas

quoique vous viviez si loin de Paris... Je me sou-
viens des bontés que vous avez eues pour moi
quand vous êtes venu, il y a trois ans. Aussi, j'ai
dit à Gaston : notre première visite de noces sera
pour notre oncle et notre cousine Bertrande.

GASTON.

Les saints de la famille, vous êtes les saints de
la famille... Je suis bien content d'être là... Quel
beau voyage!

MAURICETTE.

Nous vous portons quelques bagatelles, mon oncle. Ma mère a voulu...

L'ABBÉ, qui s'est exclamé en les examinant tour à tour, les mains jointes, se remettant.

Je vous demande pardon... Mais nous vous lais-
sons là... (A Bertrande.) Voyons, petite, tu rêves. . (Il
lui montre la valise que Gaston tient encore à la main. Bertrande veut en débarrasser Gaston qui pose la valise à
terre.) C'est la surprise... Vous allez déjeuner?...
Dieu! que vous avez grandi, Mauricette.

MAURICETTE.

« Vous, vous... » Oh! mon oncle, voyons, il y a
trois ans, vous me disiez « tu ». Vous êtes si bon.
Il faut encore voir en moi une petite fille.

GASTON.

Une petite femme.

L'ABBÉ, effrayé.

Oui!...certainement. Mais, mon enfant, vous voilà
bel et bien « Madame » et je n'ose plus...

MAURICETTE.

Vous n'osez plus, mon oncle. Tenez, je vais encore

vous embrasser. (Elle lui saute au cou sans façon.) Je ne
veux pas être une étrangère ici... Nous vivons loin
c'est vrai, sans échanger beaucoup de lettres, mais
on s'aime quand même. A la seconde visite de
Gaston, je lui ai parlé de vous deux et lui ai mon-
tré vos photographies.

GASTON.

Nous vous connaissons donc bien, ma cousine. Allons, voyons, riez un peu... Vous êtes toute charmante en petit bonnet.

L'abbé fait un geste de contrariété.

BERTRANDE.

C'est vous qui êtes aimable... Nous sommes con-
tents de vous voir.

MAURICETTE.

Est-elle gentille ! Tu sais que je t'ai écrit, une fois.
Tu ne m'as pas répondu, sauvage. Pour te punir, je
t'apporte un bibelot à la mode.

L'abbé paraît désolé.

GASTON.

Et moi, mon oncle, en ma qualité de fils d'un
marchand de champagne, j'ai laissé en bas une
caisse de vieux vin qui vous donnera vingt ans de
plus à vivre.

L'ABBÉ.

Oh ! Mes enfants... vous êtes trop bons... Nous
sommes confus... Nous ne vous attendions pas si
tôt, de sorte que vous nous voyez tout à l'envers.

MAURICETTE.

Pourquoi n'êtes-vous pas venus le mois dernier
à notre mariage?

L'ABBÉ.

Paris est si loin.

MAURICETTE.

Vilain, allez. (A Bertrande.) Tu aurais été bien con-
tente de voir Paris, toi, cependant.

GASTON.

Il faudra venir, ma cousine, vous verrez comme
nous sommes heureux. N'est-ce pas, Ricette?...

MAURICETTE.

Oui, loulou... Tu en jugeras, Bertrande; il est gentil, va, mon petit mari.

L'ABBÉ, suffoqué.

Allons, allons, je vois que vous êtes fatigués. Vous
allez vous installer par là, et vous débarrasser de
la poussière de la route. J'espère que vous êtes ici
pour quelques jours?

MAURICETTE.

Nous passons, tonton. Demain soir, nous serons
repartis.

BERTRANDE.

Demain soir, oh non !

L'ABBÉ.

Installez-vous toujours dans la chambre qui est
là... C'est celle de Monseigneur qui doit venir,
mais...

BERTRANDE.

Mais nous arrangerons tout et vous resterez au
moins une grosse semaine.

GASTON.

Vous attendez l'évêque?...

MAURICETTE.

On dit Monseigneur, impie. C'est un impie, mon
oncle. Nous le convertirons, n'est-ce pas, Bertrande?

GASTON.

Je ne demande pas mieux. Je ne serai pas à plain-
dre. Alors, installons-nous ici.

L'ABBÉ.

C'est ça, conduis ta cousine, petite.

GASTON.

Je vous suis.

L'ABBÉ, le retenant.

Un moment, nous allons causer.

Bertrande et Mauricette sortent à gauche, emportant la
valise.

SCÈNE V

GASTON, L'ABBÉ.

GASTON.

Il faut que je me change.

L'ABBÉ.

Bah! bah! rien ne presse.

GASTON.

Mais... ma femme.

L'ABBÉ.

Une minute... Bertrande l'installe.

GASTON, riant.

C'est que je ne l'ai pas embrassée depuis la gare.

L'ABBÉ, très grave.

Eh bien ?

GASTON.

Rien... pardon, un lapsus.

L'ABBÉ.

Justement... Et je voudrais vous dire, mon cher ami, de ne pas trop effrayer Bertrande.

GASTON.

Nous avons donc quelque chose d'effrayant ? Diable !...

L'ABBÉ.

Mon enfant, cette petite ne sait rien de la vie. C'est un ange... Et vous deux, là, qui me semblez endiablés, vous pouvez la troubler beaucoup... Elle est tout pour moi, cette enfant. Elle me fermera les yeux... N'allez pas, de but en blanc, parler de votre vie de luxe et de plaisirs, n'allez pas me demander de la conduire à Paris, dans cet enfer où je vous plains de vivre.

GASTON.

Paris n'est que l'enfer des chevaux, mon oncle, c'est tout au plus le purgatoire des hommes et c'est le paradis des femmes. Ne nous plaignez donc pas trop. On y brûle gaiement quand on y brûle.

L'ABBÉ.

Ah! mon pauvre enfant, c'est avec ces mots-là qu'on arrive à la perdition de son âme. Que sommes-nous? de la boue! Toutes vos joies, misère!... Je veux donc que Bertrande ignore les plaisirs du monde. Votre femme les aime... Elle est charmante... Mais si vous voulez me tranquilliser, ne l'embrassez pas trop.

GASTON.

Devant vous?

L'ABBÉ.

Oh! devant moi, hélas!

GASTON.

Comment « hélas? » Eh bien!... mon oncle...

L'ABBÉ.

Allons, allons, mauvais plaisant. Ne voyez pas là de mal. Je ne parle que pour Bertrande qui est une sainte, mon ami, une sainte.

GASTON.

Tant mieux... Mais...

L'ABBÉ.

Mais?...

GASTON.

Mais elle est bien jolie.

SCÈNE VI

LES MÊMES, MAURICETTE, BERTRANDE.

Elles entrent à gauche.

MAURICETTE.

Eh bien! Gaston, tu ne veux pas te brosser?

GASTON.

Mais si, mais si, j'y vais.

MAURICETTE.

Tu trouveras de l'eau de puits toute fraiche, c'est délicieux.

GASTON.

Vous permettez que j'en profite, mon oncle?

L'ABBÉ.

Allez donc, vous êtes chez vous.

Gaston sort à gauche.

SCÈNE VII

MAURICETTE, BERTRANDE, L'ABBÉ.

L'ABBÉ, à Bertrande.

Il faut faire déjeuner ta cousine, petite, et dire à Brigitte d'avancer le repas de midi. Nous pourrons nous mettre à table dans une heure.

MAURICETTE.

J'attendrai volontiers jusque-là.

BERTRANDE, sortie au fond, rentre aussitôt.

Voici Caillot, monsieur le curé.

Elle sort de nouveau.

L'ABBÉ.

Ah! Bon... c'est pour mes vignes... Je vais lui parler dans le jardin... Si vous avez besoin de quelque chose, Mauricette...

MAURICETTE.

Oh! « vous » encore !...

L'ABBÉ.

C'est juste. Eh bien! si tu as besoin de quelque chose, mon enfant, demande-le à ta cousine, (Rentre

Bertrande.) c'est elle qui est maîtresse de maison ici.

Il sort au fond.

SCÈNE VIII

BERTRANDE, MAURICETTE.

MAURICETTE.

C'est toi qui es la petite reine du logis, comme je suis reine chez nous à Paris; mais tu es une reine sans roi... Tu ne t'ennuies pas?

BERTRANDE.

Oh! non, j'ai beaucoup d'occupations; notre vieille Brigitte a besoin d'être secondée.

MAURICETTE.

Que fais-tu le matin?

BERTRANDE.

Je fais ma prière en me levant.

MAURICETTE.

Très bien, ça! A quelle heure?

BERTRANDE.

A six heures au plus tard.

MAURICETTE.

Au plus tard!

BERTRANDE.

Souvent, en cette saison, je me lève avec le soleil; mais la règle est pour moi une heure avant la messe de monsieur le curé qui est à sept heures.

MAURICETTE.

Et tu vas à cette messe?

BERTRANDE.

Bien sûr. Auparavant je donne à manger aux poules.

MAURICETTE.

Aux poules, oh! que c'est gentil, ça!

BERTRANDE.

Si vous voulez...

MAURICETTE.

« Vous, » toi aussi? A l'amende!

Elle l'embrasse.

BERTRANDE.

Je me suis trompée... Si tu veux, demain matin, tu viendras avec moi.

MAURICETTE.

Je voudrais bien, mais Gaston, tu comprends.., Nous n'allons pas l'un sans l'autre.

BERTRANDE.

Alors?

MAURICETTE.

Il est toujours paresseux, le matin.

BERTRANDE.

Il est fatigué?

MAURICETTE.

Fatigué... non. Que tu es drôle!... Tu ne vas pas te marier bientôt, toi, Bertrande?

BERTRANDE.

Oh! non jamais... Que deviendrait M. le curé?

MAURICETTE.

« Monsieur le curé »... Tu peux dire « monsieur
le curé »? en parlant d'un oncle?

BERTRANDE.

C'est une habitude.

MAURICETTE.

Il t'aime bien.

BERTRANDE.

Et je l'aime bien aussi.

MAURICETTE.

Sans doute, mais enfin un prêtre, ce n'est pas un
homme comme les autres, et dans les autres hommes, tu n'en as jamais vu que tu pourrais aimer ?

BERTRANDE.

Non... Et puis c'est défendu par la religion.

MAURICETTE.

Pas du tout, au contraire : « Aimez-vous les uns
les autres. » C'est de l'Evangile, ça.

BERTRANDE.

Denis Ravel me l'a dit un jour.

MAURICETTE.

Qui ça ?..

BERTRANDE.

Un voisin à nous, qui est toujours gai comme
un linot. Il est revenu du régiment l'année dernière. Sa mère est veuve, ils sont très riches, il
dirige leurs cultures. Il ne croyait pas à grand'chose
quand il est arrivé. Madame Ravel se désespérait..
Eh bien! croirais-tu maintenant que tous les di-
manches il vient au chœur à la grand'messe. Il a
même chanté une fois au lutrin.

MAURICETTE.

Au lutrin! C'est un garçon qui a du mérite.

BERTRANDE.

Oh! oui.

MAURICETTE, regardant le petit bonnet de pays dont Bertrande est coiffée.

Pourquoi as-tu ce petit bonnet, mignonne?

BERTRANDE.

Pour avoir un bonnet comme tout le monde.

MAURICETTE.

Oh! tout le monde... Laisse-moi l'essayer; veux-tu?

BERTRANDE.

C'est moi qui l'ai fait, tu sais; je t'en ferai un si tu veux.

MAURICETTE.

Tu es délicieuse!... Attends, je vais le mettre. Laisse-moi d'abord t'arranger là ces fleurs.

> Elle ôte de son corsage un petit bouquet et le fixe au corsage de Bertrande.

BERTRANDE.

Pourquoi faire?

MAURICETTE.

Tu n'aimes donc pas les fleurs?

BERTRANDE.

Oh! si... Mais monsieur le curé ne veut en voir qu'à l'autel de la Vierge.

MAURICETTE.

Va, elle ne sera pas jalouse. Garde celles-ci. (En-

levant un ruban qu'elle porte au cou.) Puis, ce ruban
à ton cou...

BERTRANDE.

Mais...

MAURICETTE.

Laisse-moi faire... Là, te voilà jolie comme un
petit ange.

BERTRANDE.

C'est toi qui es gentille, Mauricette. Eh bien!
maintenant, mets mon bonnet.

MAURICETTE.

Tiens, le voici.

Elle le coiffe.

BERTRANDE.

Oh! qu'il te va bien!

MAURICETTE.

Vrai?.. (Appelant.) Gaston, Gaston!

GASTON, du dehors.

Voilà, voilà...

MAURICETTE.

Viens donc voir, Loulou.

SCÈNE IX

LES MÊMES, GASTON.

GASTON.

Oh! le gentil petit... Bonjour, Ricette.

MAURICETTE.

Bonjour, Gaga... Regarde ta cousine...

GASTON.

Oh! quelle transformation!...

MAURICETTE.

C'est elle qui est parisienne maintenant... (Imi-
tant Bertrande.) Bonjour, mon cousin.. Vous pouvez
emmener votre petite femme, je reste avec M. le
curé.

GASTON.

Accepté. (Il offre son bras à Bertrande.) Prenez mon
bras, madame, et partons.

MAURICETTE, courant au piano.

Attends, attends, nous allons danser.

GASTON, entraînant Bertrande.

Une valse, une valse...

Mauricette attaque les premières mesures d'une valse.

BERTRANDE, se débattant.

Je ne sais pas, je ne sais pas. Et monsieur le
curé et les voisins... Non, non.

MAURICETTE, apercevant le cantique laissé sur le
piano.

Gaston, dis donc, un cantique!..

GASTON.

Un cantique, chantons-le!

BERTRANDE.

Il est de notre oncle...

GASTON.

Chantez-le, chantez-le... Ce sera tout à fait amusant...

BERTRANDE.

Non... je ne sais pas chanter.

GASTON.

Allez donc, allez donc...

MAURICETTE.

Je vais chanter avec toi... Allons. (Elle déchiffre et commence seule.) « Avec vous... etc.

Au second vers Bertrande se décide à chanter.

GASTON, quand le cantique est terminé.

Jamais, je ne me suis tant amusé...

BERTRANDE.

N'est-ce pas qu'il est beau! Est-ce qu'on chante des cantiques aussi beaux à Paris?

GASTON.

Je crois bien... Vous allez voir : (Il tapote les premières notes d'un air de café-concert.) En chœur, Ricette.

Ils chantent.

« Joséphine elle est malade,
» Ah! plaignez ma pauvre sœur,
» Elle a trop bu d' limonade,
» Et ça lui fait mal au cœur. »

BERTRANDE.

C'est un cantique, ça!

GASTON.

Oui... pour les hôpitaux.

BERTRANDE.

Les paroles ne sont pas belles, je ne les aime pas. Mais l'air est amusant... Je vais l'apprendre... Je dirai à la mère supérieure de faire des vers là-dessus.

MAURICETTE, riant.

Non... tu es adorable ..

GASTON.

Nous allons vous l'apprendre...

BERTRANDE.

Tout doucement, n'est-ce pas, je vais... je vais le
fredonner.

MAURICETTE.

Le fredonner.

BERTRANDE.

Oui, pour ne pas dire ces vilaines paroles...

MAURICETTE, riant.

Eh bien! fredonne.

Elle accompagne très doucement. Gaston chante en
même temps. A la fin du couplet l'abbé entre au
fond. Les autres l'aperçoivent et, se trouvant à l'a-
vant-dernier mot de leur couplet, reprennent brusquement le cantique, de sorte que le public entend
ceci :

» Et ça lui fait mal au... « bonne Mère... »
» A Dieu, je m'offre .. etc. »

SCÈNE X

LES MÊMES, L'ABBÉ.

L'ABBÉ.

Cet air... cette mascarade... Que faites-vous?...
(A Gaston.) Cette tenue...

GASTON.

Mon oncle, je m'enrhume... Pardon.

> Il s'esquive à gauche.

L'ABBÉ, à Bertrande.

Et toi, ce costume... Ton bonnet... ces fleurs...
(Mauricette quitte le bonnet de Bertrande.) Malheureuse...
Va aider Brigitte... Va retirer ces colifichets, per-
dition de l'âme.

MAURICETTE.

Mon oncle, ne croyez pas que...

L'ABBÉ, exaspéré.

J'ai des oreilles pour voir et des yeux pour enten-
dre, ma nièce... (A Bertrande.) Va-t'en à la cuisine,
te dis-je...

> Bertrande sort au fond, emportant son bonnet.

SCÈNE XI

MAURICETTE, L'ABBÉ.

L'ABBÉ.

Que faites-vous?. . A quoi vous amusez-vous, mon
enfant? J'ai dit à votre mari que votre cousine est
un ange... et vous lui faites chanter des choses...
Vous la travestissez, vous lui donnez des idées de
luxe et de plaisir... Vous trompez mon affection,
Mauricette.

MAURICETTE.

Nous plaisantions.

L'ABBÉ.

Vous plaisantiez! Prenez garde! mon enfant, la frivolité vous perdra... C'est une satisfaction méprisable que celle que vous ressentiez tout à l'heure en chantant un air profane, trop profane! Je n'ai pas tout compris — heureusement... (Autre ton.) Que chantiez-vous donc?

MAURICETTE.

Rien, une petite romance à propos de ce cantique qui est là et que j'ai chanté avec Bertrande. Oh! le beau cantique!...

L'ABBÉ, touché.

Ce cantique... Ah! tu... tu le trouves beau?

MAURICETTE.

Superbe!... Gaston aussi.

L'ABBÉ, tout radouci.

Vois-tu, mon enfant, c'est de la grande musique cela. Tu as le goût bon, il faut aimer les belles choses.

MAURICETTE.

Ce cantique est de vous, mon oncle?

L'ABBÉ.

Le bon Dieu me l'a inspiré, mon enfant... (Autre ton. Il va s'asseoir.) Dis-moi, (sans rancune,) tu m'as eu l'air tout à l'heure de mener ce petit trio que mon entrée a interrompu? Tu as une jolie voix, tu dois chanter des choses parisiennes... honnêtes... honnêtes... bien entendu! — Vous allez, je pense, vous rencontrer avec Monseigneur. Il aime les choses gaies, Monseigneur... les choses honnêtes... honnêtes, bien entendu... Ne pourrais-tu nous chanter un air nouveau, à la mode — convenable toutefois, — évidemment! Monseigneur serait ravi.

MAURICETTE.

Un air convenable, à la mode: on n'en connaît pas.

L'ABBÉ, en confidence.

Quelque chose de cette grande chanteuse dont les journaux parlent tant, tu sais... qui a des gants noirs... très longs.

MAURICETTE.

Ah! oui, oui, chose... la fameuse divette... Je vais vous chanter les « Quat'z'étudiants. »

Elle court au piano.

L'ABBÉ.

Chut! chut! pas maintenant... Tantôt quand ta cousine sera à l'église. — Et la grande musique de piano, dis-moi, connais-tu de la grande musique?

MAURICETTE.

Je sais du Chopin, du Schumann.

L'ABBÉ.

Du Chopin!... Ah! joue-moi du Chopin. Je vais t'écouter en songeant à mon sermon, car j'ai un sermon à faire, hélas!... Je le voudrais remarquable... Et pas d'idées, je n'ai pas d'idées... Joue, mon enfant, joue-moi un morceau reposant : la musique ouvre les idées.

Mauricette commence à jouer. La fantaisie impromptu en ré b (œuvres posthumes de Chopin) exécutée durant la scène suivante, avec pédale sourde, est d'un excellent effet. La romance sans paroles de l'andante du même morceau, accompagnant la tirade de Bertrande : « Le matin parfois, etc. » convient aussi

2.

parfaitement. L'abbé écoute d'abord complaisamment, marquant la mesure de la tête, puis peu à
peu ferme les yeux et s'endort. Quand l'abbé s'est
endormi, Gaston paraît à droite, passe la tête hors
de la porte, puis entre tout doucement et va souf-
fler dans le cou de Mauricette qui sursaute et conti
nue de jouer.

SCÈNE XII

MAURICETTE, L'ABBÉ, GASTON, puis BERTRANDE.

GASTON, à Mauricette, bas.

Tu devrais jouer « Orphée aux Enfers, » voilà
Cerbère endormi.

Bertrande paraît à la porte du fond. Gaston l'aperçoit
et lui fait signe d'entrer.

GASTON, montrant l'abbé.

Il dort.

BERTRANDE.

C'est son habitude... Quand il veut travailler, il
s'endort. Il a dû penser à son sermon, le voilà
parti. Il en a pour une petite demi-heure.

MAURICETTE, continuant de jouer tout doucement.

Vrai?

BERTRANDE.

Vrai! mais ne t'arrête pas, il pourrait s'éveiller.

GASTON.

Si nous allions au jardin?...

MAURICETTE, à Bertrande.

Tu as posé les fleurs?

BERTRANDE.

Oui, mais j'ai gardé le ruban.

MAURICETTE, en jouant.

Figure-toi, Gaston, qu'elle aime quelqu'un.

BERTRANDE.

Oh!

GASTON.

Qui?

BERTRANDE.

Personne, j'aime monsieur le curé, je vous aime.

MAURICETTE, même jeu.

Ta, ta, ta... Je vais dire son nom.

BERTRANDE.

Quel nom?

MAURICETTE.

Denis.

BERTRANDE.

Ma cousine! (A Gaston.) Pouvez-vous croire?

GASTON.

Quel Denis?... J'en connais un.

BERTRANDE, très vite.

Vous le connaissez?

MAURICETTE.

Tu vois, elle dit qu'elle ne l'aime pas! Qui connais-tu?...

GASTON.

Tu le connais aussi... Denis tyran de Syracuse.

MAURICETTE, riant.

Mauvais plaisant, va!

BERTRANDE.

Ce n'est pas le même... Denis Ravel n'est pas un tyran.

MAURICETTE.

Tu en jugeras après le mariage.

GASTON.

Pan! une pierre dans mon jardin! A nous deux.

Il l'embrasse avec bruit dans le cou.

MAURICETTE.

Aïe, pas si fort!

L'abbé, au bruit du baiser, lève la tête et ouvre un œil.

GASTON, redoublant.

De la rébellion! Double peine!... (L'abbé ouvre tout à fait les yeux et écoute.) Voilà comment il faut tyraniser sa femme. (A Bertrande.) Vous verrez ça quand vous serez mariée.

BERTRANDE, joignant les mains.

Mariée, moi!

GASTON.

Et pourquoi pas?

BERTRANDE.

Et monsieur le curé?

L'abbé fait semblant de ronfler.

MAURICETTE.

Il dort!

GASTON.

Je crois même qu'il ronfle. (A Mauricette.) Continue donc; c'est très pittoresque cette petite conversation en musique. (A Bertrande.) Et comment est-il ce Denis Ravel?

BERTRANDE.

Il est... Je ne l'ai jamais bien regardé.

MAURICETTE.

Il est brun !

BERTRANDE, très vite.

Blond.

GASTON.

Paf! Et vous l'aimez, petite cousine?

BERTRANDE.

L'aimer, moi!.. un étranger.

GASTON.

C'est toujours un étranger qu'on aime. Et lui vous aime-t-il?

BERTRABNDE.

M'aimer, Denis Ravel! Que dirait-on dans le pays?

GASTON.

On dirait : marions-les.

MAURICETTE.

Il l'adore, il vient chanter pour elle au lutrin.

BERTRANDE.

Mauricette !

MAURICETTE.

Dame! tu me l'as dit.

GASTON, s'approchant de Bertrande.

Voyons, ce petit cœur... Oh! le moulin va vite...
Allons, petite cousine, d'ami à ami, de sœur à frère

le vérité : Rencontrez-vous souvent, par hasard, Denis Ravel?

BERTRANDE.

Le matin, parfois, en revenant de la messe, quand je traverse le petit cimetière pour couper au court, il est là qui porte des fleurs à son père que nous avons enterré, il y aura deux ans à la Chandeleur... Une fois, il avait mis des roses blanches dans son bouquet habituel... Nous ne nous étions plus parlé, en nous trouvant tous deux seuls, depuis un jour où j'avais senti que je ne pouvais plus le regarder sans devenir rouge. Ce matin-là, il m'a arrêtée et m'a dit en m'offrant les roses blanches : « Voulez-vous partager avec mon père, mademoiselle Bertrande? » (Un temps. Mauricette cesse de jouer.) Nous ne nous sommes rien dit depuis.

GASTON, à Mauricette.

Ce n'était pas la peine.

MAURICETTE, l'embrassant.

Tu es un bon petit cœur, Bertrande.

GASTON.

Ma foi, oui!... Je voudrais bien le connaître, ce brave garçon.

BERTRANDE.

De la terrasse, dans le jardin on aperçoit sa maison.

MAURICETTE.

Allons la voir, puisque notre oncle dort toujours.

GASTON.

C'est grand dommage qu'il n'ait rien entendu.

Ils sortent au fond.

SCÈNE XIII

L'ABBÉ, seul.

Elle aussi!.... Tu mourras seul, l'abbé... Non, ce n'est pas juste, moi qui l'ai élevée, qui ai tout fait, le monde me la prend! Qui m'aurait dit?... Ce Denis Ravel!... Mauvais drôle, va!... C'est bon, ils n'ont pas encore mon consentement... Quel malheur!... Ces maudits enfants me l'ont perdue... Je n'ai plus d'idées... Que pensera Monseigneur en me voyant dans un état pareil?.. Elle l'aime, d'amour charnel!.. Mon Dieu! est-ce possible?... Et ce sermon... Je suis perdu... (Il prend l'Evangile sur la table.) Seigneur, que votre saint Evangile vienne à mon aide en cette épreuve.

(Il ouvre le livre et lit au hasard à haute voix.)

« En ce temps-là, Jésus vint aux confins de la
» Judée par le pays qui est au delà du Jourdain;
» et le peuple s'étant encore assemblé auprès de
» lui, il recommença aussi à l'instruire selon sa
» coutume.

» Alors on lui présenta des petits enfants afin
» qu'il les touchât, et comme ses disciples repous-
» saient avec des paroles rudes ceux qui les lui pré-
» sentaient, Jésus, le voyant s'en fàcha et leur dit :
» Laissez venir à moi les petits enfants... » (L'abbé s'arrète, saisi.) Laissez venir à moi les petits enfants.. les tout petits enfants... Les petits enfants qui courent... qui balbutient, qui ont des petites mains roses... Elle en aura donc, si elle se marie! (Il ou-

vre les bras, désarmé.) « Laissez venir à moi les pe-
« tits enfants. »

Entre au fond, Mauricette.

SCÈNE XIV

MAURICETTE, L'ABBÉ.

L'ABBÉ.

Ah! te voilà, petite.

MAURICETTE, très sérieuse.

Mon oncle, je sais un secret.

L'ABBÉ.

Et puisque tu es femme, tu vas me le dire... Parie
que je le connais, ton secret.

MAURICETTE.

Parie que non...

L'ABBÉ.

Nous verrons bien... parle.

MAURICETTE.

Bertrande est bien gentille, mon oncle. Nous
sommes ici des oiseaux de passage, nous l'avons
aimée tout de suite.

L'ABBÉ.

Et oui... on l'aime tout de suite.

MAURICETTE.

Elle nous a semblé triste, et comme nous causions
en bonnes amies, elle m'a confié...

Elle se tait, embarrassée.

L'ABBÉ.

Elle t'a confié?

MAURICETTE, émue.

Elle m'a confié!...

L'ABBÉ, brusquement.

Qu'elle épouserait bien Denis Ravel?

MAURICETTE.

Qui vous l'a dit?

L'ABBÉ.

L'écho.

MAURICETTE.

Vous êtes fâché, mon oncle?

L'ABBÉ.

Fâché, moi, mon enfant, non pas; que la volonté de Dieu soit faite... Où est-elle cette petite? Fais-la venir. Vous lui avez mis martel en tête maintenant, je ne veux pas qu'elle souffre.

MAURICETTE, appelant au fond.

Bertrande! Bertrande! Gaston! Gaston!

L'ABBÉ, résigné.

Laissez venir à moi les petits enfants...

SCÈNE XV

Les Mêmes, BERTRANDE, GASTON.

GASTON, entrant.

Elle résiste, mon oncle, elle résiste.

3

L'ABBÉ.

Viens, Bertrande, viens... Quoi! petite, tu voudrais épouser Denis Ravel, et lui voudrait de toi? N'aie pas peur, je t'aime bien et je l'estime, ce mauvais... (se reprenant.) ce brave garçon, mais pourquoi ne disais-tu rien... pourquoi me laissais-tu croire que tu vieillirais près de moi?

BERTRANDE.

Je ne savais pas...

L'ABBÉ.

Et oui, tu ne savais pas! et le bon Dieu a voulu que ta cousine arrivât ce matin.

GASTON.

Nous faisons donc des miracles ?

L'ABBÉ.

Je le crois... (A Bertrande.) Souris, petite, il n'est plus question de moi; je verrai maman Ravel, tantôt: tu auras ton mari... Je comprends ça, je ne t'en veux pas, va!..

GASTON.

Vous êtes bon, mon oncle.

L'ABBÉ.

Non, je ne suis pas bon... Je me débarrasse: j'avais quelque chose, là, qui me pesait.

MAURICETTE.

Et ce maudit sermon?...

L'ABBÉ.

J'ai mon sujet maintenant... (Il attire à lui Bertrande et l'embrasse au front.) « Laissez venir à moi
les petits enfants ! »

Rideau.

NOTE DE L'AUTEUR. — *Bertrande*, quoique jouée au théâtre, est surtout une comédie de salon. Mais il peut arriver
que pour une représentation privée une maîtresse de maison se fasse scrupule de mettre chez elle un prêtre à la
scène. Le cas, pourtant, n'est pas pendable, Des journaux
bien pensants, tels que le *Soleil* et le *Gaulois* n'ont rien
reproché au bon abbé de *Bertrande*, et il ne faut jamais
être plus royaliste que le roi.

En prévision, cependant, d'appréhensions en somme
fort respectables, l'auteur croit devoir indiquer, à l'aide
d'une anecdote, un moyen de tourner la difficulté:

On voulait bien jouer *Bertrande* dans un milieu de gens,
d'esprit fin et de conscience délicate, et le rôle de l'abbé
effrayait quelques dames. L'amateur qui s'en était chargé
ne balança pas: il jeta la soutane aux orties, et trans-
forma le saint prêtre en laïque, vieux garçon, homme
probe et craignant Dieu, qui restait l'oncle, le père adop-
tif de *Bertrande*, et avait toutes les qualités du prêtre sans
les défauts du célibataire. Ainsi arrangé de verve, le rôle
était curieux et amusant. Le donner ici en variante, ce serait écrire une autre pièce. L'auteur a préféré citer simple-
ment le fait, en s'en remettant à l'intelligence et au bon
goût des amateurs de théâtre qui auront, à l'occasion, la
fantaisie de jouer *Bertrande*.

Imprimerie générale de Châtillon-sur-Seine. — PICHAT ET PEPIN.

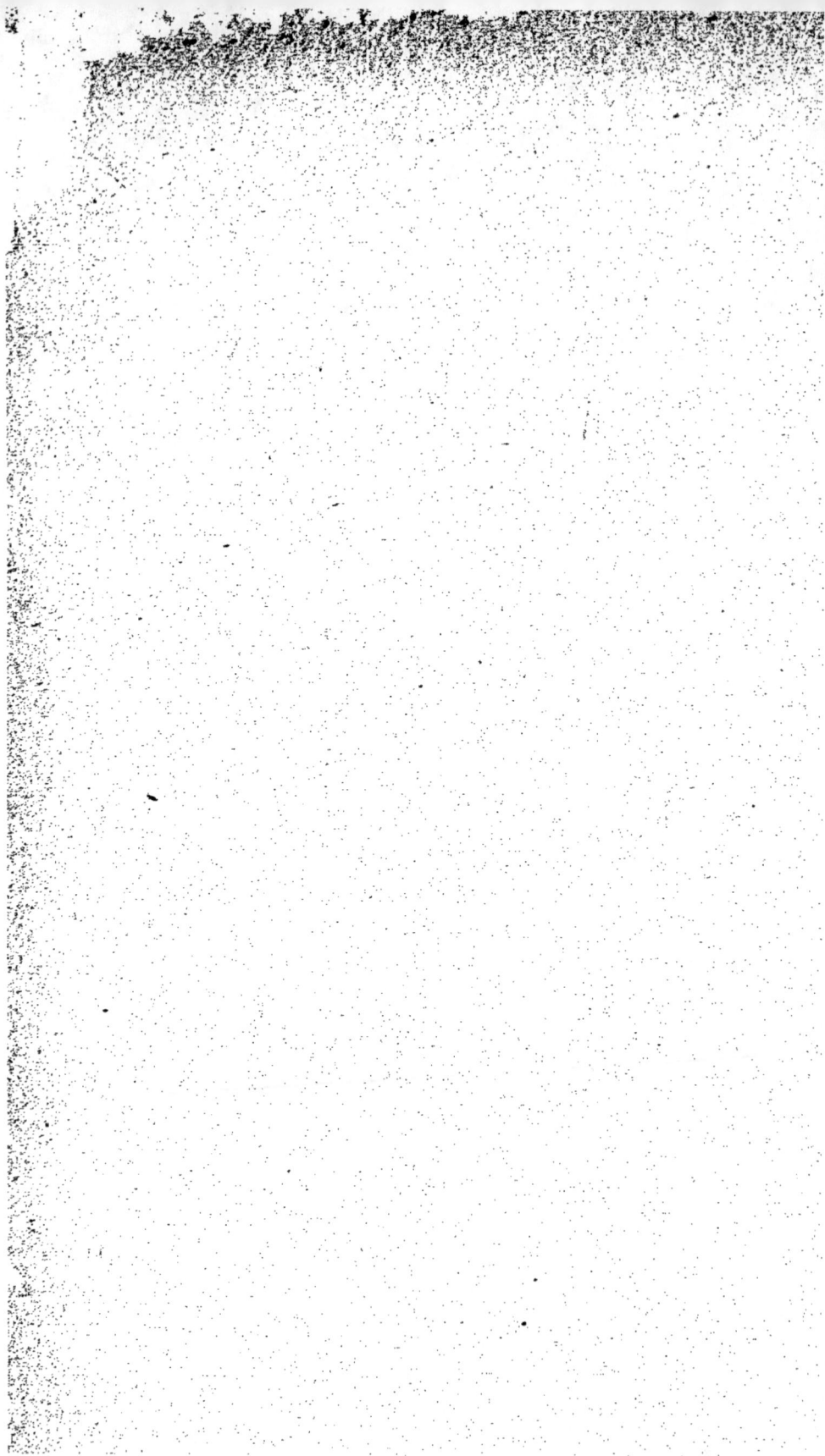

www.ingramcontent.com/pod-product-compliance
Lightning Source LLC
LaVergne TN
LVHW022211080426
835511LV00008B/1695